AF561920

DEUX PAPYRUS HIÉRATIQUES DU MUSÉE DE TURIN.

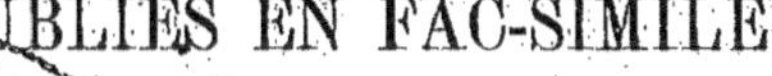

PUBLIÉS EN FAC-SIMILE

PAR

J. LIEBLEIN.

Avec la traduction et l'analyse de l'un de ces deux papyrus par M. F. Chabas,
Chevalier de l'Ordre Impérial de la Légion-d'Honneur, du Lion Néerlandais et de la Couronne Royale de Prusse IIIe classe; Membre de l'Académie Royale des Sciences d'Amsterdam, de l'Institut de Correspondance Archéologique de Rome, de l'Institut des Provinces de France; Membre honoraire de la Société Royale de Littérature de Londres, de l'Institut Égyptien d'Alexandrie, etc., etc.

Avec 5 planches lithographiées.

Extrait des Mémoires de la Société des Sciences à Christiania
(Forhandlinger i Videnskabs-Selskabet i Christiania), l'année 1868.

CHRISTIANIA 1868.

Leipzig.	Paris.
I. C. Hinrichs.	Fr. Klincksieck.

En 1864 je visitai Turin pour y étudier l'excellente collection des monuments égyptiens. J'avais pour but principal de recueillir tous les noms propres et les tables généalogiques avec les noms, les titres et la filiation qui se trouvent surtout sur les monuments funéraires et commémoratifs. Je pensais qu'une collection assez complète de cette nature fournirait de nouveaux éléments et rendrait par conséquent un grand service à la chronologie égyptienne, ce que j'espère pouvoir démontrer un jour. Mais je me livrai en même temps à l'étude sommaire des autres monuments et je dirigeai particulièrement mon attention sur la collection des papyrus. Sur ma demande, l'administration du Musée de Turin m'autorisa sans aucune difficulté à calquer et à publier les papyrus inédits. Le papyrus judiciaire, un des plus beaux et des plus importants de ceux du Musée de Turin, ayant d'abord attiré mon attention, je le calquai avec grand soin. Après avoir quitté Turin je passai par Paris, et ayant montré mon calque de ce papyrus à M. Devéria, il me demanda la permission de le publier, demande à laquelle je m'empressai de consentir. Réduit de moitié il a été publié par ce savant dans le Journal Asiatique, tome VIII de la sixième série, et il se trouve aujourd'hui avec l'excellente étude de M. Devéria entre les mains de tous les égyptologues.

Cependant je ne négligeai pas les autres papyrus inédits de Turin: en partie je les calquai, en partie je les transcrivis à la main. Et parmi les calques qui me restaient j'ai choisi pour la présente publication les deux papyrus ou plutôt fragments de papyrus qui s'y trouvent annexés. L'un est un papyrus de comptabilité dans lequel se trouvent mentionnés tous les jours depuis le 24 Méchir jusqu'au 10 Epiphi; le présent fragment comprend par conséquent une époque de quatre mois et dix-sept jours. L'autre papyrus contient une carte des mines d'or semblable à celle publiée par MM. Lepsius et Chabas.

Je parlerai d'abord du papyrus de comptabilité.

Le papyrus de comptabilité.

Quant à la disposition matérielle en général, je dois avertir le lecteur que j'ai changé un peu la position mutuelle des fragments de la planche I. Sur l'original de Turin ils sont mal collés, le fragment que j'ai désigné par a étant collé devant le fragment b, et le fragment c étant placé trop haut; ainsi la disposition sur l'original est de droite à gauche: a, b, c; le fragment c se trouve rangé deux lignes plus haut que les autres fragments et de plus l'espace entre les fragments est trop étroit. Il est bien clair que celui qui, au Musée de Turin, a collé les fragments sur le carton, n'en a pas compris le contenu; car les lignes se trouvent entièrement dérangées par cette disposition. Mais la faute était facile à corriger: à la première vue je restituai aux fragments leur place primitive, et il n'y a pas de doute possible sur cette nouvelle disposition. Dans la collection des papyrus la planche IV était entièrement séparée des trois autres; mais à l'instant son contenu me prouva qu'elle appartenait au même papyrus et l'indication des dates, qu'elle devait être rangée après la planche III.

Mon ami M. le Professeur Rossi, à Turin, a obligeamment collationné sur l'original, conservé au Musée de Turin, les planches lithographiées dont je lui ai envoyé les épreuves pour être sûr de l'exactitude de mon calque *fac-simile*.

L'éminent égyptologue, M. Chabas, à Châlon-sur-Saône, à qui je montrai mes calques, lorsque j'eus l'avantage de le voir chez lui, me promit d'écrire un préambule pour ma publication projetée. J'acceptai avec empressement cette précieuse promesse, et aussitôt lithographiées, je lui adressai un exemplaire de mes planches. Peu de temps après je reçus de sa main une traduction et une analyse si complète qu'il ne me reste presque rien à ajouter. L'excellent travail du savant égyptologue Français donnera à ma publication une importance que je n'aurais jamais osé lui attribuer.

Voici la lettre qu'il a bien voulu m'adresser.

Lettre à M. J. Lieblein à propos de sa publication d'un papyrus de comptabilité, conservé au Musée de Turin.

Monsieur et cher confrère,

Il n'est plus guère permis d'élever des plaintes contre l'insuffisance des textes égyptiens livrés à l'étude, les publications utiles se sont tellement multipliées depuis peu que les égyptologues sont débordés : la tâche qui leur échoit exige de longs travaux, et ne sera pas accomplie avant plusieurs années. Cette surabondance de richesses portera certainement des fruits abondants, mais elle ne permettra peut-être pas que prompte et complète justice soit rendue aux savants pleins de zèle qui ont entrepris et mené à bonne fin ces publications à la fois difficiles et dispendieuses. Ils trouveront leur plus grande récompense dans la certitude qu'ils ont de contribuer puissamment aux progrès de notre belle science, qui marche actuellement à pas rapides, et s'implante avec autorité dans tous les pays de culture intellectuelle.

La péninsule scandinave ne pouvait demeurer en arrière ; par la création d'une chaire spéciale à l'Université de Christiania,[1] elle a donné satisfaction à une nécessité reconnue de notre époque, et cette création a été saluée avec acclamations par l'Ecole de Champollion, qui n'a point oublié qu'elle vous est redevable d'estimables recherches historiques et du premier fac-simile du Papyrus Judiciaire de Turin.

Vous voulez bien me consulter sur le contenu d'un autre papyrus que vous vous proposez de publier, et dont vous m'avez

[1] Je crois devoir faire observer qu'il n'a pas été positivement créé de chaire d'égyptologie à l'Université de Christiania, mais que je suis chargé d'y faire des cours sur cette science. J. Lieblein.

adressé un calque fait avec soin. Je m'empresse de satisfaire à vos désirs.

Ainsi que vous l'avez fort bien vu, ce papyrus est une pièce de comptabilité, une espèce de Journal dont le commencement et la fin ne nous sont pas parvenus, à moins qu'ils ne se cachent encore dans d'autres Musées ou d'autres collections particulières.

Les quatre pages, que possède le Musée de Turin et dont vous avez pris copie, commencent avec la date du 24 de Méchir d'un règne que nous pouvons croire être celui de Ramsès Nefer-ka-Ra-Sotep-en-Ra (le Ramsès IX de M. Lepsius), ou de son prédécesseur immédiat; elles finissent à la date du 10 Epiphi, et comprennent ainsi un intervalle de quatre mois et seize jours; mais les grandes lacunes qui existent dans la première et dans la deuxième page nous privent des notes d'un certain nombre de journées.

L'écriture de ce manuscrit appartient manifestement au type de l'époque des Ramessides; bien qu'elle soit négligée et qu'un certain nombre de mots ne puissent être déchiffrés que grâce aux comparaisons facilitées par leur répétition fréquente, ce papyrus est encore le mieux écrit de tous ceux du même ordre qui me sont connus. Ceux du Musée de Leide, qu'a publiés M. le Docteur Leemans,[1] présentent des difficultés beaucoup plus grandes. Les papyrus Rollin, récemment édités par M. W. Pleyte,[2] paraissent, au contraire, être d'une écriture bien plus distincte et plus soignée, mais leur savant éditeur nous avertit, dans sa préface, que ses planches ne sont pas des fac-simile.

L'attribution que je fais du type graphique à l'époque des Ramessides est d'ailleurs corroborée par trois mentions contenues dans le manuscrit. La première (pl. II, lig. 8) donne à l'un des personnages qui interviennent dans les distributions de vivres énumérées, le titre de Scribe de Ousor-meri Ra-Sotep-en-Ammon. C'est

[1] Monuments égyptiens du Musée d'Antiquités de Leide; Pap. Hiérat. I. 350; I. 351, pl. 164 à 168.

[2] Les Papyrus Rollin de la Bib. Imp. de Paris, publiés et commentés par W. Pleyte.

le Ramsès VII des listes de Mr. Lepsius.[1] Cette désignation indique très-probablement que le scribe était alors au service de ce pharaon; cependant il pourrait se faire aussi que le nom rappelât simplement le monarque qui avait conféré le brevet de scribe. Cette deuxième hypothèse, beaucoup moins vraisemblable que la première, n'apporte du reste qu'une modification sans importance quant à la date approximative que nous recherchons.

Elle serait au surplus contredite par la deuxième mention (pl. II, lig. 26), si toutefois j'ai réussi à la déchiffrer correctement: j'y lis, à la date du 26 de Pachons: Chômage; jours de Ousor-mai-Ra-Sotep-en-Ammon; trois jours royaux, et je comprends que, pendant trois jours après le 26 de Pachons, les ouvriers furent dispensés de travail à l'occasion des jours royaux. La note du 27 a été emportée dans une lacune; mais au 28, il n'y avait eu qu'une distribution de grains; aucune note de travail, ni de chômage n'est prise, ce qui est exceptionnel; par conséquent la note du 26 a bien servi pour les trois jours consécutifs, comme l'indique le texte. Au 30 revient l'indication de chômage; mais ici cette indication redevenait nécessaire, parcequ'il ne s'agissait plus de chômer l'un des jours royaux.

Deux hypothèses se présentent: ou bien il s'agit des fêtes éponymes du roi, célébrées seulement pendant son règne, ou bien ce sont des jours de deuil à l'occasion de sa mort, dont la nouvelle serait parvenue au chantier de travailleurs le 26 du mois de Pachons; la première supposition serait plus naturelle, mais la seconde ne manque pas de vraisemblance, si l'on s'en rapporte à la troisième des mentions auxquelles j'ai fait appel (pl. 3, lig. 17). Celle-ci nous apprend que, le 23 du mois de Paoni, un ordre fut donné de transporter les étoffes du roi à la demeure de Ka-nefer-Ra-Sotep-en-Ra, c'est-à-dire de Ramsès IX, dans l'arrangement adopté par M. Lepsius.[2] L'usage du Cartouche-prénom s'applique exclusivement à un Pharaon en exercice, ou ayant régné à une époque antérieure. Nous devons en conclure que Ousor-

[1] Koenigsbuch, Taf. 40, No. 510.

[2] Loc. laud. No. 512.

mai-Ra-Sotep-en-Ammon était mort au 26 de Pachons, ou tout au moins entre cette date et le 23 de Paoni, et qu'il avait été remplacé par Ka-nefer-Ra. Cependant entre ces deux Pharaons, M. Lepsius place le règne de Ousor-ma-Ra-Sotep-en-Ammon (Ramsès VIII),[1] et M. Brugsch en intercale un deuxième, celui de Ammoumai-Tummai.[2] Je crois que notre papyrus réclame un nouvel arrangement de ces règnes éphémères de Pharaons dont la faiblesse commença à autoriser les empiétements des grands-prêtres d'Ammon.

Nous n'avons point à approfondir ici cette question épineuse; il nous suffira de constater, en comptes ronds mais très-approximatifs, que notre papyrus date de douze siècles avant notre ère.

Si les inscriptions monumentales de l'Egypte fatiguent trop souvent par leur style emphatique et par les comparaisons hyperboliques dont elles sont surchargées, le cas est bien différent pour les documents du genre de celui que nous allons étudier; ici nous trouvons toute la sécheresse du style commercial en usage de nos jours, toute la simplicité de la tenue des livres à partie simple; les notes sont inscrites d'une manière sommaire, selon la nature et l'ordre des opérations, et sans que le scribe se préoccupe de former des phrases bien complètes. Au point de vue philologique, ces documents ne peuvent jamais présenter un intérêt bien caractérisé; on pourrait même leur contester tout autre genre d'intérêt, s'il ne nous importait pas d'étudier le peuple égyptien ailleurs que dans les pompeux récits des triomphes et des gloires pharaoniques.

On sait combien le dépouillement des comptes des agents financiers a fourni de précieux renseignements pour l'histoire du moyen-âge et pour l'histoire moderne; les papyrus de comptabilité n'auront pas une moindre importance par rapport à la connaissance de l'état social des Egyptiens; ils nous montreront l'ordre parfait auquel étaient soumises les diverses branches de l'administration; ils nous parleront du mode de rétribution des employés

[1] Loc. laud. No. 511.

[2] Histoire d'Egypte, pl. XIII, No. 290

publics et des manouvriers, des denrées qui leur étaient distribuées, et du travail qui était exigé d'eux. Nous apprendrons peu à peu en quoi consistaient les fonctions des scribes et des autres employés publics; nous verrons comment fonctionnait le mécanisme de la magistrature judiciaire. En un mot nous pourrons retirer de ces vieilles notes cursives une foule de faits d'un véritable intérêt. Malheureusement le nombre des documents de cette espèce publiés jusqu'à présent est extrêmement limité. Je ne connais que les papyrus de Leide, dont j'ai rendu un compte sommaire,[1] et les papyrus Rollin, édités par M. Pleyte, dont j'ai parlé plus haut. Mais il en existe dans les Musées un grand nombre d'inédits, dont la publication rendrait beaucoup de services, en ce qu'elle permettrait des comparaisons sans lesquelles les premiers explorateurs sont exposés à commettre des erreurs. Les comptes en écriture démotique pourront peut-être recevoir des éclaircissements spéciaux au moyen des renseignements fournis par des documents en langue grecque. Cette comptabilité ne paraît pas être tombée en désuétude, même aux plus basses époques. On en retrouve, en effet, un échantillon dans le papyrus du Musée Borgia, publié par Schow,[2] quoique ce document ne contienne que des listes de noms d'ouvriers employés à la réparation des digues et des canaux.

Explication du papyrus.

Ce manuscrit présente quelques particularités qui ne se rencontrent pas dans ceux qu'il m'a été possible d'examiner jusqu'à présent. On y remarque tout d'abord que les notes relatives à un grand nombre de journées se bornent aux seules mentions: d'une part; et ou d'autre part; le premier groupe,

[1] Mélanges égyptologiques I, p. 17.

[2] Charta papyracea graece scripta Musei Borgiani Velitris, etc., edita a Nicolao Schow, Rome 1788.

Baku, est bien connu; il signifie travail, travailler; il se dit du travail manufacturier, comme du travail de la terre et même de celui des lettres; c'est le mot propre pour l'expression faire travailler des gens, des ouvriers. Evidemment ce mot, servant seul d'indication de ce qui a été fait pendant un grand nombre de journées, signifie que la brigade d'ouvriers sur laquelle le scribe du papyrus exerçait un certain contrôle, avait ces jours-là vaqué à ses travaux accoutumés. Mais ni le détail, ni le compte de ces travaux ne sont donnés; à peine trouverons-nous de temps en temps quelques notes sur un petit nombre d'objets livrés aux ouvriers pour être mis en oeuvre, et l'indication du lieu où le travail fût opéré.

Il résulte a priori de cette observation que notre papyrus n'est qu'un carnet de notes auxiliaires, destinées au contrôle de la comptabilité tenue par d'autres agents. Des livres plus complets sont en effet mentionnés à plusieurs reprises dans notre manuscrit sous le nom de .[1] Il en était tenu de ce genre dans les bureaux de l'administration, qui les envoyait de temps à autre sur le lieu des travaux pour les vérifications nécessaires. Puisque les journées de travail sont notées de cette manière, nous devons nous attendre à rencontrer aussi la mention des journées pendant lesquelles les ouvriers n'ont pas travaillé; nous sommes ainsi conduits à trouver cette indication de chômage dans les signes qui se répètent plus de cinquante fois dans notre document. Nous savons que le mot indiquant l'abstention du travail est , en copte ⲟⲩⲱⲥϥ, vacare, otiosus esse, deficere. Or ce mot est le plus ordinairement déterminé par le signe de l'oiseau qui se pose, suivi de celui de l'oiseau du mal ou de celui du papyrus roulé; la première de ces combinaisons est celle dont notre papyrus nous fournit de si nombreux

[1] La composition de ce mot rappelle celle de notre expression agenda, mais le régistre était destiné à l'inscription des choses faites et non des choses à faire.

exemples; elle est d'ailleurs fréquente dans les papyrus;[1] la deuxième se voit au papyrus Magique Harris et aussi dans d'autres documents.

Quelquefois la partie phonétique du mot est seule exprimée; tel est le cas de l'inscription tracée sur l'ostracon Caillaud que j'ai expliqué dans le Zeitschrift für aeg. Spr.,[2] et qui contient quelques notes d'un surveillant de travaux rappelant assez bien celles du papyrus que nous étudions en ce moment.

Dans ce papyrus, c'est la partie phonétique du mot qui est supprimée; il n'y est exprimé que par ses deux déterminatifs les plus énergiques. Ce fait n'a rien d'anormal; il est au contraire pleinement conforme aux habitudes bien constatées des scribes égyptiens.

Ainsi donc, l'idée que nous suggère invinciblement la disposition du texte est justifiée par l'analyse du groupe qui nous embarrassait. Je crois que la solution à laquelle nous arrivons ainsi est bien correcte; pour que la critique hésite à l'admettre, il faut rencontrer dans les documents inédits une orthographe pleine nous montrant que nos déterminatifs s'appliquent à un mot différent; je ne pense pas que cette éventualité se réalise.[3]

On remarquera que souvent les jours de chômage se succèdent en assez grand nombre; ce cas devait se présenter toutes les fois que le chantier manquait de travail; pour les jours isolés de

[1] Voyez notamment Pap. Anastasi III, p. 3, lig. 9; Pap. Anastasi V, pl. 23, lig. 2; ibid. lig. 5, etc.

[2] Année 1867, p. 37.

[3] On pourrait croire qu'il est question du groupe: [hiéroglyphes] compter les ouvriers. Mais il n'est pas du tout probable qu'on ait employé à compter les ouvriers presque autant de jours que ceux pendant lesquels on les a fait travailler. C'est pour cette raison que je n'ai jamais pu admettre cette interprétation. Mais il y a déjà long-temps que j'ai songé au groupe [hiéroglyphes] chômage des ouvriers, et je vois avec une véritable satisfaction que M. Chabas a émis la même opinion.

J. Lieblein.

chômage, on pourrait songer à l'observation du repos prescrit pour certaines fêtes. Cependant à l'occasion de la fête de Ptah, tombant le 1er de Phamenot, le scribe ne note ni travail, ni chômage; le chômage était certainement de règle pour une solennité de cet ordre.

Nous avons déjà acquis la certitude que notre papyrus note les jours de travail et de chômage de certains travailleurs nommés [hieroglyphs], Kati. Si nous possédions le commencement du manuscrit, nous y lirions probablement l'indication précise de la nature du travail auquel ces travailleurs étaient assujettis, et du lieu où ils étaient employés. Ce nom de Kati s'applique à toute espèce de manouvriers: aux moissonneurs, comme aux constructeurs et à ceux qui manient l'aviron de la barque; quelquefois ils sont désignés par l'expression composée [hieroglyphs], gens de travail; ils avaient un chef spécial, le [hieroglyphs], le grand des Kati, le chef-ouvrier.

Il est très-vraisemblable que nous avons affaire ici à des manouvriers employés à toute espèce de travaux et même aux travaux les plus grossiers; par exception, notre papyrus, abandonnant sa marche habituelle, nous explique que le 7 Epiphi, les Kati furent employés à amasser des pierres à la porte du quartier funéraire royal. C'est probablement parcequ'il était particulièrement pénible que ce travail a été jugé digne d'être pris en note. D'autres mentions du papyrus nous apprennent clairement que la brigade d'ouvriers que concernent les notes quotidiennes, était affectée au service du [hieroglyphs]; elles suppléent ainsi au préambule explicatif qui nous manque.

M. S. Birch, dans son étude sur le papyrus Abbott,[1] nous a expliqué que le [hieroglyphs], Kher, était le quartier funéraire, l'ensemble des bâtiments et hypogées dépendant d'une même sépulture, ou d'un groupe de sépultures. Le Kher royal formait un

[1] Revue Archéologique, 1859.

emplacement spécial que le papyrus Abbott nomme le Kher très-auguste des millions d'années du roi à l'occident de Thèbes. Ce même document cite aussi le Kher de la reine Isis; cependant les rois, les reines, les mères royales, les fils royaux sont dits reposer dans le Kher très-auguste. Il y avait dans tous les cas des Kher de plusieurs espèces; l'inspection que relate le papyrus Abbott s'étendit à plusieurs d'entr'eux.

Notre manuscrit cite le Kher royal (pl. 4, lig. 21) une seule fois; dans quatre autres passages la mention du Kher n'est accompagnée d'aucune expression explicative.

Nos Kati étaient des travailleurs du Kher. C'est ce qui résulte du fait rapporté à la date du 29 et du 30 de Paoni: les ouvriers, se trouvant insuffisamment nourris, avaient fait des réclamations et l'affaire avait été portée devant les magistrats compétents, qui y donnèrent une solution favorable; il fut ordonné au scribe Schauab de faire donner du blé aux hommes du Kher ([hiéroglyphes]).

A l'entretien du Kher étaient affectés des travailleurs d'ordres divers, savoir:

1. des Maçons([hiéroglyphes]).[1]

2. des Kati, ou manoeuvres; ce sont ceux dont parle notre papyrus; le Papyrus Abbott les mentionne aussi.[2]

3. Des [hiéroglyphes], *semtot*; ce mot paraît désigner les familles employées aux mêmes offices des temples; ces personnages sont quelquefois nommés Semtot du temple et Semtot du Kher; mais ces deux appellations ne se contredisent pas, car il y avait des temples et des chapelles dans la dépendance des enceintes funéraires. On trouve aussi l'expression retou Semtot, analogue à retou Kati,[3] ce qui nous porte à penser que les uns et les autres étaient compris dans les gens du Kher.

[1] Pap. Abbott pl. 4, 6. [2] Ibid. pl. 5, 14.
[3] Voir ci-devant.

Dans quelques documents, et notamment dans le papyrus étudié le nom de Semtot est déterminé par l'hiéroglyphe des actions de la bouche. Mais je ne crois pas que ce soit un motif pour élever ces personnages à la dignité de Chantres dans les cérémonies religieuses; ils formaient la domesticité spéciale des temples, et se succédaient dans ce rôle de père en fils, formant ainsi une corporation de rang inférieur. Une des lettres contenues dans le papyrus Anastasi V reproche à un officier d'être de la race des Semtot, et de n'être pas un oer (un grand).[1] Il paraît cependant que cette population servile empruntait une certaine importance à sa participation aux préparatifs du culte, à ses rapports continuels avec les prêtres et avec les scribes. Un autre papyrus nous montre qu'il pouvait y avoir un intérêt politique à réchauffer le zèle de ces mercenaires dans les grandes occasions; c'est un ordre qui prescrit de leur distribuer 50 ou 100 pièces de cuivre (en poids 4 Kilog. $\frac{1}{2}$ à 9 Kilogrammes), le jour de l'arrivée de Menephta-Baenra à Héliopolis. Cette distribution constituait une gratification exceptionnelle, car les Semtot, de même que les autres employés et ouvriers du quartier funéraire étaient périodiquement payés en nature ainsi qu'on le voit par le papyrus de Leide I. 350,[2] et par plusieurs autres documents.

Ainsi organisés, et probablement beaucoup plus instruits que les ouvriers ordinaires, les Semtot formaient une population remuante et parfois dangereuse. Aussi elle était soumise à une surveillance continuelle; on les passait en revue; on notait avec soin leurs noms et l'on prenait des mesures pour que les listes fussent correctes; la bonne organisation des Semtot est conseillée par Amenemha I à son fils, d'après ce que rapporte le Papyrus Sallier II (pl. 1, lig. 2). On se faisait d'ailleurs un mérite de les traiter avec douceur: l'architecte Bakenchons se vante d'avoir été un père pour les Semtot.[3] On ne les rencontre nulle part assimilés aux ouvriers, ni à un corps de troupes quelconque, ni aux escla-

[1] Pap. Anastasi V, pl. 26, lig. 5.

[2] Voir Mélanges égyptol. 1 Série, p. 25.

[3] Lig. 4 de l'Inscription. Voyez les publications de M. Devéria et de M. Lauth.

ves, ni aux serviteurs ordinaires; dans une inspection générale, ils figurent après l'infanterie, la cavalerie et les temples; certains chefs sont ensuite nommés (les menhi) et enfin les oerou.[1]

Dans l'orthographe habituelle de leur nom, la dernière syllabe est [hiéroglyphes], c'est-à-dire la main, tot; les deux autres lettres sont le *S* qui peut être impulsif et *M*, qui dans ce cas serait la préposition par, avec, au moyen de; il se pourrait donc que le mot S-m-tot fût un composé signifiant agir avec la main, prêter la main, aider.[2]

A l'administration du Kher étaient affectés des fonctionnaires de tout genre et notamment des scribes, qui, pour ce motif, portaient le titre de Scribes du Kher. Le Kher royal avait un chef particulier nommé l'oer aa (le très-grand) du Kher très-auguste; les autres Kher devaient avoir de même leur commandant spécial; mais il paraît que l'autorité de ces officiers était primée, même pour les affaires du quartier funéraire, par celle des fonctionnaires de la ville et du nome. Nous voyons, en effet, par notre papyrus que les réclamations des gens du Kher étaient portées devant les magistrats dont les attributions comprenaient la décision des litiges civils et criminels, les [hiéroglyphes] les grands oerous, les grands magistrats. A côté de ces grands magistrats, nous voyons apparaître ici le premier prophète d'Ammon; mais je n'hésite pas à reconnaître dans ce fait important un indice des empiétements successifs qui mirent le trône aux mains de ces puissants pontifes. M. Birch a déjà fait ressortir cette circonstance qu'ils avaient les Semtot sous leur dépendance.[3]

D'autres fonctionnaires tels que le [hiéroglyphes] (l'intendant-contrôleur de la ville), intervenaient dans les affai-

[1] Pap. Anastasi IV, pl. 4, lig. 8.

[2] Le composé grec ἐγχειρουργέω rend un peu l'idée du mot égyptien, tel que je le comprends.

[3] Sur le Papyrus Abbott, p. 278.

res des Kher. Cet intendant était chargé de recueillir les taxes affectées à la rétribution des gens du quartier funéraire et de les faire tenir aux distributeurs, qui étaient les aa-kati (Chefs-ouvriers) et les scribes.[1]

La garde des Kher était confiée aux Madjaiou, espèce de gendarmerie du quartier funéraire, dont le papyrus Abbott nous a fait connaître l'emploi. Cette milice porte le nom d'une peuplade étrangère qui avait été en hostilité avec l'Egypte, dès les premiers temps de la XIIe dynastie. Il est probable qu'après leur défaite les Madjaiou avaient fait leur soumission et s'étaient mis à la solde de leurs nouveaux maîtres. Le nom copte des soldats, ⲙⲁⲧⲟⲓ, paraît dériver de celui des Madjaiou.

Nous sommes maintenant suffisamment renseignés sur la qualité des personnages que concernent nos comptes, et sur le lieu dans lequel ils étaient casernés et occupés. Ce lieu, c'était le quartier funéraire de la-ville de Thèbes; il était fermé d'une porte[2] et comprenait dans son enceinte des établissements de diverse nature: tombeaux, chapelles, temples, logements des fonctionnaires, etc., etc. Lorsque les gens de ce quartier se rendaient à la ville, ils avaient à traverser le Nil en barque ([hiéroglyphes]).[3]

Examinons maintenant le rôle des différents fonctionnaires cités dans notre texte.

1. Le premier prophète d'Ammon. Cet important personnage n'est cité que par son titre et nullement par son nom, qui aurait pu nous guider utilement; il intervient, à la page II lig. 1, avec le Préfet de la ville. A la même page, lig. 17, il est cité dans une phrase mutilée qui paraît traiter de la réglementation du travail. Enfin il apparaît pour la troisième fois, à la page III, lig. 24, comme faisant partie du tribunal qui donna satisfaction aux gens du Kher, dans leur réclamation à propos de l'insuffisance des vivres.

[1] Notes prises sur un papyrus de Turin copié par M. Lieblein.

[2] Vid. pl. IV, lig. 21.

[3] pl. III, lig. 23.

2. Les oerou-aaou, les grands magistrats. Ce sont les juges ordinaires; une foule de textes nous ont mis au courant de leurs fonctions; notre papyrus ne les cite qu'à propos de l'affaire de l'insuffisance des vivres.

3. Le grand chef (oer-aa) de l'occident de la ville, en quelque sorte le Maire du faubourg des tombeaux. Il avait sous ses ordres des fonctionnaires nommés Dja, qui étaient chargés de la comptabilité du Kher (pl. III, lig. 7).

4. Les [hiéroglyphes], dja. Si l'on rapportait ce mot à la racine [hiéroglyphes], prendre, tenir, on pourrait croire que le Dja était un percepteur ou un receveur; il ne paraît pas en être ainsi; les fonctions attribuées à cette classe de fonctionnaires étaient fort variées. Dans un tableau publié par M. Dümichen, et représentant Ramsès III sur son trône, recevant l'hommage de trois officiers, deux dja suivent le Repa; ils portent le chasse-mouche, et prennent part au colloque avec le roi. Dans certains cas ils accompagnaient le pharaon; c'est un Dja que Ramsès II dépêcha pour activer la marche de son armée, lorsqu'il se trouva surpris par la cavalerie des Khétas. Ce titre de dja est fréquemment lié à d'autres titres et notamment à celui de mer, intendant, préposé; on connaît par exemple: l'intendant de la ville dja, l'intendant de la maison dja, l'intendant des pylones dja. Souvent aussi le titre est employé seul. Au papyrus Prisse le mot dja semble être une désignation du père de famille appelant ses enfants autour de lui pour leur donner ses instructions; c'est peut-être pour ce motif d'autorité respectable que le mot est écrit au Rituel avec le déterminatif des ancêtres: [hiéroglyphes].[1] Ce groupe représente une fonction que Thoth avait remplie auprès d'Horus, et à laquelle était assimilé l'emploi de certains officiers auprès du roi.[2] Nous serions

[1] On lit dans ce passage: Je me suis baigné dans cette eau dans laquelle Thoth s'est baigné lorsqu'il se fit dja d'Horus (Ch. 145, 23).

[2] Voyez Denkm. II, pl. 149, en c.

ainsi amenés à comparer le mot avec le latin *comes*, dont le dérivé *comte* a reçu des acceptions bien éloignées de sa signification radicale. Nous ne pouvons guère quitter ici le champ des hypothèses; ce que je vois de plus probable, c'est que le *dja* était un fonctionnaire ambulant, chargé de missions diverses par ses chefs: un aide-de-camp dans la hiérarchie militaire, un inspecteur dans l'administration civile, un contrôleur dans celle de la comptabilité publique; ce dernier titre de *contrôleur*, à cause de sa généralité, me paraît pouvoir être adopté au moins provisoirement. Le contrôleur avait un scribe attaché à son service et désigné par les textes comme *scribe du dja*; il en est fait mention au papyrus Abbott (pl. 4 lig. 6). Notre texte (pl. III, lig. 7) nous montre le contrôleur Shauab envoyant au Kher son carnet de comptabilité; le texte explique que ce contrôleur était aux ordres du grand chef de l'occident de la ville; il exerçait du reste une autorité sur les scribes du *Kher*, car c'est à lui qu'ils s'adressent pour demander l'autorisation d'expédier des hommes à la poursuite de deux ouvriers fugitifs (pl. III, 16). Enfin nous voyons le contrôleur chargé de porter les étoffes royales à la demeure du nouveau roi Kaneferra-Sotepenra (pl. III, 17).

L'idée *contrôle* convient bien aux opérations de comptabilité, de direction et d'organisation du matériel, que notre papyrus attribue à cet officier; il était aussi chargé du magasinage des grains à distribuer pour la nourriture des ouvriers à la solde de l'administration, car il est ordonné de prendre dans ce dépôt appelé par le texte ,[1] *grains du contrôle*, ce qui est nécessaire pour la nourriture des gens du *Kher* (pl. III, lig. 28).

5. Les *aa-kati* ou chefs-ouvriers sont cités pl. IV, lig. 5, 6 et 10; les mentions qui les regardent ne présentent rien d'intéressant à noter.

6. Les , figurent comme surveillants de certaines

[1] Ici le mot *dja* est précédé de l'article féminin; il ne désigne plus le *contrôleur*, mais le *contrôle*.

brigades d'ouvriers qui firent chômage les 6, 9, 11, 12 etc. du mois de Phamenot. On connaît le titre de [hiéroglyphes] commandant de travaux. Ce titre doit se lire Kherp.

7. Les scribes ([hiéroglyphes]). Il y en avait d'attachés au service du Kher. Le scribe Nasamen était chargé du commandement d'une partie des ouvriers; les scribes du Kher demandent les ordres du contrôleur pour les mesures à prendre contre des ouvriers fugitifs (pl. III, lig. 16). C'est à un scribe que les grands magistrats confient le soin de présider à la délivrance des rations supplémentaires de grains accordés aux ouvriers sur leur réclamation (pl. III, lig. 26). Un autre scribe les approvisionne de bétail (pl. IV, lig. 12). Il y a lieu de noter encore que la demeure d'un scribe nommé Pentahat était comprise au nombre des établissements où les ouvriers du Kher pouvaient être appelés à travailler; ils y furent occupés le 1er jour de Epiphi (pl. IV. lig. 6). Le groupe qui désigne cette localite, [hiéroglyphes], Ha, répond directement à l'idée demeure, mais il se disait surtout de la demeure funéraire, du tombeau.

8. Le scribe Shauab ou Shaemuab,[1] qui fut chargé de la distribution des grains aux ouvriers du Kher, est désigné (pl. III, 27) comme [hiéroglyphes], sen du pays. Ce titre, dont l'orthographe pleine est [hiéroglyphes] ou [hiéroglyphes], appartenait dans l'ordre militaire à certains officiers de chars; il se disait cependant aussi des officiers d'infanterie; il y avait le premier sen de l'armée; les exploits du personnage dont le papyrus Anastasi I raconte les voyages, l'avaient fait surnommer: Mohar, Chef des Sen de l'Egypte; mais il y avait aussi des Sen attachés aux administrations civiles, tels que le [hiéroglyphes] et le sen du pays, dont parle notre papyrus. Il est difficile de distinguer la nature des fonctions qui leur étaient attribuées.

[1] Ce nom qui se rencontre pl. III, lig. 7, 26 et 27 et pl. IV. lig. 13, est assez indistinctement écrit; en III, 26 et 27, il est précédé d'un groupe indichiffrable.

9. Le préfet ou préposé de la ville, , est nommé par notre papyrus (pl. II, lig. 1). Bien que le passage soit mutilé, nous y apprenons que ce fonctionnaire était l'un des grands magistrats chargés de rendre la justice; notre texte le montre dans cette fonction concurremment avec le premier prophète d'Ammon. A ce titre de préfet de la ville était souvent ajouté celui de Dja, comme nous l'avons fait remarquer plus haut. Du reste c'était une dignité très-élevée, que des princes n'avaient pas dédaignée.

10. Après la solution favorable donnée à la réclamation faite par les ouvriers à propos de l'insuffisance des grains qui leur étaient distribués, ceux-ci se montrèrent reconnaissants envers un flabellifère ( ); ils lui donnèrent deux espèces de coffrets nommés , aft.[1] Le flabellifère, que son emploi rapprochait du roi, avait probablement recommandé leurs intérêts. Ce fait nous apprend qu'il y avait des menuisiers au nombre des ouvriers du Kher; le papyrus énumère des bois d'ébénisterie parmi les objets mis en oeuvre dans cet établissement.

11. Les intendants de finance ( ) exerçaient une surveillance personnelle dans le Kher. La visite d'un de ces fonctionnaires est notée à la date du 5 Epiphi.

12. La porte du Kher est mentionnée (pl. IV, lig. 21). C'est là qu'on amassait les matériaux pour la construction ou les réparations des bâtiments compris dans l'enceinte. Des portiers ( ) étaient préposés à la garde de cette porte; deux de ces portiers furent envoyés à la ville pour chercher un serviteur.

13. De même qu'il y avait des menuisiers dans le Kher, on y trouvait aussi des ouvriers en métaux ( );

[1] Il y en avait de différentes formes. Voir Dümichen, Recueil, IV, p. 8, 44; 19, 115; 26, 156, etc.

l'un d'eux nommé Irirès[1] reçut de l'or et de l'argent, à la date du 3 Epiphi (pl. IV, lig. 8).

Tels sont les fonctionnaires et les ouvriers que notre papyrus nous montre soit employés dans le Kher, soit en rapports quelconques avec l'administration de cette localité; beaucoup d'autres individus sont nommés, mais sans désignation de fonctions. Nous ne pouvons nous former aucune idée du rôle de ceux-ci que par l'explication des mentions que le texte leur consacre. Je vais essayer de déterminer le sens de ces mentions, que leur brièveté et le manque de documents analogues entourent d'une certaine difficulté.

Nous avons vu que le scribe du papyrus s'est presque toujours borné à indiquer sommairement que les ouvriers avaient travaillé ou avaient chômé; très-rarement il spécialise le lieu et la nature du travail opéré; cependant notre document contient beaucoup d'autres mentions dans lesquelles entrent des énumérations de denrées diverses. Les trois plus fréquentes pivotent sur les groupes , sehout, et . Etudions d'abord les deux premiers.

Comme ces mots précèdent toujours des listes d'objets, il est tout d'abord vraisemblable qu'ils indiquent la réception ou la distribution de ces objets, et comme, aux mêmes dates, et sont employés l'un après l'autre, et tous les deux suivis de l'indication d'objets semblables, sauf les quantités qui diffèrent le plus souvent, on est a priori amené à penser que l'un des groupes marque la réception et l'autre la distribution.

Les comptes des papyrus de Leide ne font pas usage de ces expressions; on y trouve pour la réception , en, apport;

[1] Ce nom: oeil éveillé est assez remarquable; un artiste dont le monument funéraire est au Musée du Louvre portait celui de Irisen, qui peut signifier oeil double. Un personnage mentionné dans notre papyrus était appelé Katot, Longue-main.

quant à la distribution elle est notée par les différentes formes du verbe, donner, et le plus souvent par le participe ; il en est de même dans les papyrus Rollin, où le verbe, *shp*, recevoir, prendre, exprime la réception des objets. Ces divers termes, dont la valeur est sûrement connue, ne peuvent donner lieu à la moindre hésitation; on conçoit toutefois qu'ils pouvaient être remplacés par des synonymes, et quelquefois aussi par des expressions plus ou moins voisines de signification, mais appropriées à certains cas particuliers. Tel est le cas, à mon avis, de l'emploi du mot, pour l'enlevage des bois de service déjà déposés dans des locaux provisoires,[1] et de celui du mot pour l'enlevage des grains pris dans le grand grenier de Memphis.[2] Ces deux groupes sont synonymes dans cette acception, qui dérive de celle de délivrer, sauver, eripere. Mais il faut bien se garder de donner au dernier le sens couper, et de proposer des calculs chronologiques fondés sur le fait de la moisson des grains indiquée de cette manière à une date donnée. Les erreurs de traduction jalonnent la voie du progrès; il faut se résigner à en commettre, jusqu'à ce que tous les secrets de la langue nous soient très-familiers; notre génération ne jouira pas de cet avantage; mais nous n'en sommes pas moins tenus à une grande rigueur d'analyse en ce qui concerne les textes dont nous voulons faire ressortir des faits importants pour l'histoire et pour la chronologie.

Le formulaire de la comptabilité est généralement très-riche; en français, par exemple, on emploie pour les réceptions les expressions suivantes: recette, entrée, prise en charge, emmagasiné, etc., etc.; pour les distributions: sortie, délivré, payé, livré, fourni, etc., etc. Nous n'avons conséquemment

[1] Papyrus Rollin, No. 1884.

[2] Papyrus Rollin, No. 1889, pl. XIX, lig. 1.

nul droit de nous étonner de la variété des expressions égyptiennes correspondantes.

Or le premier de nos groupes n'est autre que le ⲥⲱⲟⲩϩ, congregare, acervare, recueillir, rassembler, accumuler. Il se dit des rassemblements d'hommes comme des accumulations de choses. Cette dernière acception est mise en relief par l'un des textes publiés par M. Dümichen,[1] dans lequel Ammon-Ra dit à Ramsès III : J'ai recueilli pour toi toutes les choses de l'Arabie.

Nous pouvons conséquemment tenir pour assuré que le groupe sehou-t si fréquemment répété dans notre manuscrit indique l'emmagasinage des objets reçus pour la consommation du Kher; et nous conclurons naturellement que l'autre groupe, qui accompagne presque toujours le premier, indique la mise en travail ou en consommation des mêmes objets. Notre papyrus prend ainsi la physionomie d'un carnet de magasinier.

Cet autre groupe a pour signe initial l'hiéroglyphe de l'occident ; on peut s'en assurer en examinant la forme donnée à ce signe dans le titre de Grand chef de l'occident de la ville (pl. III, lig. 7). Il est probable qu'il remplace ici le signe , dont les formes hiéroglyphiques sont très-variées; toutefois je ne connais encore aucune variante hiératique qui autorise cette assimilation.

Si nous avons affaire à un mot spécial, , commençant par le signe de l'occident, je n'en pourrais pas citer d'autre exemple, et nous aurions à décider de sa valeur uniquement d'après notre texte. Si, au contraire, nous reconnaissons ici le groupe ordinaire , en copte ϩⲱⲃ, oeuvre, travail, nous serions un peu guidés par cette signification. Dans l'un et l'autre cas, je ne vois nulle autre chose à proposer que le sens d'emploi, mise en oeuvre.

[1] Inscript. Histor., pl. 16, lig. 15.

Le troisième groupe dont nous avons à parler se présente sous des formes assez négligées; mais en comparant les plus correctes avec celles que fournissent d'autres manuscrits, on arrive bien vite à la conviction qu'il s'agit du mot dont la forme hiéroglyphique est [hieroglyphs]. Ce mot possède diverses acceptions, entr'autres celle de pêche, pêcheur; ordinairement, mais pas toujours, il a dans ce sens l'oiseau-pêcheur pour déterminatif. Dans notre texte il est trop souvent suivi d'un compte de poissons, pourque nous puissions hésiter à lui attribuer cette valeur: pêche.[1] Un compte était ténu des poissons emmagasinés au Kher et distribués ensuite aux ouvriers. L'ostracon publié par M. Devéria contient aussi un compte de poissons.

L'explication des cinq groupes auxquels je viens de reconnaître les valeurs: travail, chômage, emmagasinage ou approvisionnement, mise en oeuvre et pêche nous livre la clef de tout le papyrus; les objets viennent se classer dans leurs chapitres respectifs; nous n'avons donc plus qu'à examiner la nature de ces objets, leur comptage, leur mesurage ou leur pesage. Voici le tableau de ceux que mentionne le texte.

1. [hieroglyphs], les grains; ce groupe se dit de toute espèce de grains destinés à la fabrication du pain; lorsqu'il est question spécialement de froment, d'orge, etc., une indication particulière est ajoutée à celle du boisseau qui se verse.

Les rations de grains distribués aux travailleurs sont désignées par le groupe complexe [hieroglyphs]. C'est en rations de cette espèce que le blé était distribué mensuellement aux Hébreux travaillant à la construction d'un édifice de Ramsès II.[2] Notre texte fait bien ressortir cet emploi du groupe, dans la phrase où il est prescrit de: voir les grains, [hieroglyphs], du contrôle et d'en donner des rations, [hieroglyphs], aux hommes du Kher (pl. III, lig. 28).

[1] Comparez les deux variantes d'un même texte, pap. Anast. III, pl. 5, lig. 1 et pap. Anast. IV, pl. 9, lig. 10.

[2] Pap. hiérat. Leide I. 348, pl. 6 — Voir Mélanges égypt. I, p. 49.

Ce fait se passait à la date du 30 de Paoni ; notre papyrus ne note aucune distribution de grains depuis le 28 de Pachons ; les mentions relatives au 28 et au 29 de Pharmuti sont très-mutilées ; mais en les rapprochant de celles de la fin de Paoni, on voit que déjà les ouvriers s'étaient plaints d'être affaiblis et malades faute de rations suffisantes. Des lacunes encore plus grandes entrecoupent les notes relatives aux derniers jours de Phamenot ;[1] il en reste suffisamment toutefois pour montrer que quelque chose fût dit au nom des ouvriers, et que les Semtot du Kher intervinrent de quelque manière. Cette population permanente des établissements dépendant du quartier funéraire était remuante et se faisait volontiers l'organe des mécontentements. Le 22 de Paoni, il avait été nécessaire d'envoyer un fonctionnaire au Kher à cause d'un fait causé par les discours des Semtot.

Nous reconnaissons conséquemment que les distributions de grains aux ouvriers du Kher avaient lieu tous les mois, conformément à un usage ancien ; mais des réclamations et des plaintes ayant été faites, ce mode fut changé, et à partir de la fin de Paoni les distributions eurent lieu tous les jours.[2]

2. Le 4 Epiphi il fut amené du bétail par le scribe Shaemuab. C'est la seule mention que fasse le papyrus de la viande de boucherie ; mais on peut supposer que le Kher avait des écuries approvisionnées à l'avance ; d'autres mentions du même genre peuvent d'ailleurs avoir disparu dans les lacunes du texte.

3. La nourriture principale des ouvriers paraît avoir consisté en poisson ; nos comptes en mentionnent fréquemment des quantités assez considérables. Le groupe indistinct qui le désigne pourrait être transcrit ou ; c'est là un point de difficulté que l'inspection d'un autre document peut lever au premier coup d'oeil. Il est peu vraisemblable qu'il s'agisse d'une espèce particulière de poisson ; le groupe doit consé-

[1] Les notes des derniers jours de Méchir manquent entièrement.

[2] Voir pl. IV, lig. 2. Le premier groupe de l'expression que je lis tennou hrou, chaque jour, est une abréviation singulière.

quemment désigner d'une manière générale le poisson commun qu'on pêchait dans le Nil. Les quantités sont exprimées en poids uten ou ten valant 91 grammes; certaines fournitures ont dû s'élever jusqu'à près de 1000 ten en un seul jour (91 Kilogr.). Les personnages qui s'occupent habituellement de la réception et de la distribution du poisson portent les noms de Setmès, Pentaour, Pioukhet, Haseonkh, Kenouti et Katot.

4. Parmi les objets qui sont le plus fréquemment mentionnés, on remarquera deux espèces de vases et . Ils sont constamment cités ensemble comme si les Teb étaient l'accessoire obligé des Keb.

Je ne connais aucun autre exemple du l'emploi du groupe ; quant à , c'est le vase qui est indiqué par d'autres documents comme contenant habituellement le vin et le haq destinés à la boisson. Cependant ce groupe désigne aussi les vases de pharmacie dans lesquels s'opéraient les décantations.[1] Beaucoup de préparations culinaires, du poisson séché, des viandes salées, etc., étaient conservées dans des vases. S'agit-il d'aliments? s'agit il de vin, de bière ou d'autres breuvages? Je n'ai aucun moyen de trancher la difficulté. Je conserverai dans ma traduction les noms originaux: vases Keb et vases Teb.

5. Une autre espèce de denrée nommée et est citée plus rarement. D'après le déterminatif, j'inclinerais à penser qu'il s'agit de la fève ou du pois. Mais il n'y a pas lieu de rien proposer de définitif avant d'avoir rencontré des indications plus explicites. On trouve dans les Monuments de Champollion (pl. 265) le groupe , qui représente une substance offerte par la reine Taousor au dieu Seb. C'est probablement le même objet.

6. Une seule fois se trouve intercalée entre les Keb et les Teb l'indication d'une denrée nommée , Ka; il en fut emmagasiné 12 vases. J'ignore encore ce que cela peut être.

[1] Voir Pap. Médical Berlin, pl. 4, lig. 6.

7. A l'occasion de la venue d'un scribe royal, il fut partagé entre les ouvriers 23 , c'est-à-dire 23 mesures de préparations culinaires, qui constituaient sans doute un régal exceptionnel. Le était un mets apprêté, une espèce de ragoût; se dit souvent de la nourriture en général; dans notre texte, à raison de l'indication du nombre, je crois qu'il désigne un plat d'une certaine contenance. Le compte des mets Shaï est souvent fait en baa, comme dans notre papyrus; il se fait aussi en mesures d'une autre espèce, qui se nommaient tekhen (obélisques).[1]

D'après les témoignages de l'Ecriture-Sainte, les Egyptiens distribuaient aux Hébreux une nourriture très-suffisante: de la viande, des poissons à discrétion, du pain à saturation, des concombres, des poireaux, des ognons et de l'ail;[2] quinze jours après leur sortie d'Egypte, les privations de la vie du désert rappelaient au souvenir des Israélites fugitifs ces profusions dont ils avaient joui pendant leur servitude. Or les Hébreux ne devaient pas former, dans les circonstances relatées par le texte sacré, une classe privilégiée de travailleurs; ils étaient traités comme tous les autres ouvriers employés à des travaux publics.

Hérodote, qui raconte de si étranges histoires à propos de la construction des pyramides,[3] affirme que l'on trouvait, dans les inscriptions hiéroglyphiques gravées sur celle de Chéops, l'indication de la somme énorme dépensée en raiforts, en ognons et en aulx; l'historien grec s'étonne du chiffre que lui cite son interprète (1600 talents d'argent, plus de huit millions de francs), et il fait remarquer qu'il faut encore y ajouter le reste de la nourriture, les vêtements et les outils.

Le rapport d'Hérodote ne contredit donc pas les détails plus circonstanciés donnés par la Bible. Notre papyrus nous montre

[1] Voir Notices de Champollion, p. 373, et les Inscriptions de Thotmès III à Karnak, Denkm. III, 30.

[2] Exode, ch. 16; Nombres, ch. 11.

[3] Livre II, 124 et sqq.

d'ailleurs que les ouvriers des chantiers du quartier funéraire recevaient, comme les Hébreux, du pain, de la viande et du poisson; les légumes étaient peut-être délivrés dans les vases mentionnés par nos comptes, car il est bien certain que ce genre d'alimentation, plus économique que les autres, n'était pas tombé en désuétude. Pour ne rien oublier, notons que des substances nommées sont mentionnées dans les comptes de la journée du 7 Phamenot. Ce groupe désigne les végétaux odoriférants employés pour la préparation du Kufi, du Kefni, et dans la libation d'Osiris.[1]

Nous avons maintenant passé en revue tout ce qui se rapporte à la nourriture; il nous reste à parler d'un petit nombre d'objets destinés aux travaux des ouvriers en métaux et des ouvriers en bois.

Le 3 d'Epiphi, il avait été livré à l'ouvrier en métaux Irirès 40 Kati d'or et un . Ce dernier groupe, qui revient une seconde fois dans le même passage, ne m'est connu par aucun autre texte; comme il n'augmente pas la quantité puisque la suite explique que cela fait 4 ten[2] (364 grammes), il y a lieu de supposer que c'est un sachet, une bourse destinée à contenir les matières précieuses délivrées à l'ouvrier; le même jour il fut encore distribué 1 Kati (9 grammes) d'argent au même Irirès; le chef-ouvrier Amen reçut deux vases Uatmès et deux Kati d'argent; enfin Ken, deux sachets.

Les menuisiers du Kher travaillaient les bois de cèdre; ils eurent à en transporter une certaine quantité pour l'usage du palais du roi, le 23 de Paoni, en même temps que les étoffes dites royales; ce fait porte à croire qu'il y avait aussi des tisserands dans le Kher.

Une autre espèce de bois mise en oeuvre par les menuisiers du quartier funéraire est désignée par le groupe

[1] Voir Dümichen, Recueil IV, pl. 8, 28, 83, etc.

[2] Le Ten ou Uten vaut 10 Kati. (Voir mon Mémoire sur un poids égyptien, Revue Archéologique, 1861.) Le Kati pèse un peu plus de 9 grammes et le ten, 91 grammes.

[hieroglyphs]. C'est exactement le même mot que le copte ϫⲓⲛⲓⲣⲓ, qui désigne la silique ou carouge, le fruit du caroubier; mais le copte mène souvent à l'erreur. Notre texte ne permet pas de voir ici un fruit quelconque; il est d'ailleurs prouvé par un passage du papyrus Anastasi IV, discuté par moi,[1] que les djanur, ou djaoul sont des branches de l'arbre [hieroglyphs], aoun. J'avais proposé d'y reconnaître le cyprès, mais d'une manière dubitative, et seulement parceque j'ai trouvé cet arbre mentionné parmi les plus précieuses espèces du Liban. Mais le caroubier, dont le bois dur et inaltérable s'emploie pour les ouvrages de marqueterie, pourrait tout aussi bien convenir pour l'explication de nos textes; ses branches irrégulières, tortueuses et souvent pendantes répondent bien à la description donnée par le papyrus Anastasi IV: des aoun avec des branches se tordant d'elles-mêmes.[2]

S'il en était ainsi le groupe égyptien répondrait au copte ϫⲁⲗ, ramus. Cette dérivation n'a pas besoin d'être justifiée au point de vue philologique, mais on peut faire remarquer que, même en copte, la consonne n s'est oblitérée dans la variante ϫⲓⲓⲣⲓ.

J'ai dit précédemment que certains jours de chômage des ouvriers pouvaient correspondre à l'observation des fêtes religieuses. Une seule indication de cette nature est notée dans notre papyrus, celle de la fête de Ptah au premier jour de Phamenot. Encore le scribe s'est-il dispensé d'inscrire la circonstance du chômage, qui était sans doute obligatoire. Mais, dans deux autres occasions, savoir le 19 de Phamenot et le 14 de Paoni, il y eut chômage pour des cérémonies religieuses qui consistaient à promener des figures divines sur les canaux des temples et sur le Nil. Ces processions nautiques sont bien connues; celle du 14 de

[1] Voyage d'un Egyptien, p. 119.

[2] Voyage, Loc. cit.

Paoni concernait la reine Noferariti. Le culte rendu à l'épouse d'Ahmès I était donc encore en vigueur vers la fin de la XXe dynastie. Une stèle de Thèbes, publiée par Sharpe,[1] nous montre Ramsès II en adoration devant cette même reine et devant son fils Aménophis I.

Au point de vue philologique un seul groupe me paraît demander un instant d'attention; c'est , *sdjer*, mot qui signifie *s'étendre*, *se coucher*. Mais cette signification comporte deux ordres d'idées fort distincts, d'abord l'idée de repos, de tranquillité, comme dans cette phrase: *nous nous couchons dans la joie chaque jour*.[2] La seconde idée est celle de l'affaiblissement, de la maladie qui ne permet pas à l'homme de se tenir debout; les expressions françaises *être alité*, *s'aliter*, rendent assez correctement compte de cette nuance de signification du mot égyptien. *La maladie qui alite* était désignée quelquefois par ce seul mot, qu'on trouve, dans ce cas, déterminé par le signe .[3] Dans la triste énumération des infirmités qui accablent la vieillesse, le papyrus Prisse, le document le plus ancien qui existe, cite la décrépitude *qui couche*, *qui alite*.[4] Les influences morbides, les maladies, sont conjurées dans certaines formules magiques sous la désignation de *ce qui alite*, *ce qui fait coucher*.

Il est très-essentiel de ne pas perdre de vue cette double signification du verbe , *coucher*; elle nous révèle le sens de la plainte des ouvriers devant les magistrats: *S'il ne nous est pas donné des rations de grains plus qu'il ne nous en est donné, nous nous couchons sur place* (pl. III, lig. 25).[5] Nous pouvons aussi rétablir en partie le texte du

[1] Egypt. Inscr. II, pl. 31.

[2] Dümichen, Hist. Inschr. p. 6, 76.

[3] Voyez papyrus Anastasi IV, pl. 9, 11; Anastasi III, pl. 6, 1: Il est malade, *l'alitement* le saisit; il est rapporté sur âne.

[4] Pl. IV, lig. 3.

[5] Cette phrase est curieuse a étudier; il y a littéralement: *Ne nous étant pas*

28 pharmuti (pl. II, lig. 12). A cette date devait être faite la distribution de grains; la distribution n'avait pas été faite et les ouvriers avaient chômé. Le scribe, qui s'identifie avec sa brigade, note: nous nous sommes couchés (à) notre place.

L'expression ouvriers couchés correspond ainsi à celle d'ouvriers malades; le 28 Paoni les ouvriers malades traversèrent le Nil et se rendirent à la ville pour comparaître le lendemain devant les magistrats. Si l'on ne se rendait pas bien compte de la valeur spéciale du mot couché dans cette phrase, on se sentirait arrêté par l'espèce de contradiction que présente le sens littéral: les ouvriers couchés traversèrent, etc.

Rédigées d'une manière très-succincte, écrites avec précipitation, les notes de comptabilité que nous venons de passer en revue nous présentent peu de garantie pour la correction grammaticale; on y remarque des erreurs dues à la précipitation et à l'inattention du scribe; l'une des plus singulières consiste en ce que les mentions relatives au 27 de Paoni sont répétées trois fois dans les mêmes termes. Quelques uns des termes habituels avant les énumérations de denrées ou devant les indications de quantités paraissent avoir été omis par mégarde à diverses reprises. Mais ces incorrections ont peu d'importance pour nous.

Cet exposé fait, je vais donner la traduction suivie du papyrus, ou du moins des parties qui en sont restées assez entières pour que le texte puisse y être lu ou restitué avec sécurité; les deux premières pages sont malheureusement très-incomplètes.

Voici ma version:

données les rations données à nous en plus, nous nous couchons à sa place (chacun à sa place, au lieu où il se trouve). Pl. II, lig. 12, il y a à notre place. Trop faibles pour travailler les ouvriers se couchent sur leur tâche.

Traduction du Papyrus.

Planche. I.

(lig. 1). Méchir, jour 24. Amené des hommes[1] pour travailler[2] . . .
„ Méchir, jour 25. . . . . .
(lig. 2). Méchir, jour 26. Fait brûler hors de . . . . Phra
(lig. 3). Approvisionnement: légumes secs, mesures $2\frac{1}{2}$.
(lig. 4). Méchir, jour 27. Approvisionnement . . . uten 80 . . .[3]
(lig. 5). Phamenot, jour 1. Fête de Ptah.
„ Phamenot, jour 2 . . . . . .
„ Phamenot, jour 3: travail.
„ Phamenot, jour 4: travail.
(lig. 6). Phamenot, jour 5: chômage des ouvriers.
„ Phamenot, jour 6 . . . . aux ordres des préposés.
„ (Phamenot, jour 7: chômage) des ouvriers . . . .
(lig. 7). . . . . Ouvrage de l'un; mise en oeuvre . . . .
. . . . . . à l'autre. Végétaux pharmaceutiques 2 . . 28;
(lig. 8). Ken 2: total 30.
„ Phamenot, jour 8: chômage (des ouvriers).
„ (Phamenot, jour) 9: chômage des ouvriers aux ordres des préposés.
„ Phamenot, jour 10: chômage des ouvriers.
(lig. 9). Phamenot, jour 11: chômage des ouvriers aux ordres
„ des préposés.
„ (Phamenot, jour 12: chômage des) ouvriers aux ordres des préposés.
„ Phamenot, jour 13: chômage des ouvriers.
(lig. 10). Phamenot, jour 14: chômage des ouvriers.
„ Phamenot, jour (15) . . . . . .
„ Phamenot, jour 16 . . . .
„ Phamenot, jour 17: chômage des ouvriers.
(lig. 11). Phamenot, jour 18: chômage des ouvriers aux ordres des . . .
Vases de Keb, 30; vases Teb, ...

[1] Le groupe retu, hommes, n'est pas complet.
[2] Les passages pointés correspondent aux lacunes.
[3] Il manque les notes des 28, 29 et 30 Méchir.

Planche I.

(lig. 12). Phamenot, jour 19: chômage des ouvriers. Conduit par eau . . . .

„ (Phamenot), jour 20: chômage des ouvriers. Mise en oeuvre; Bekaendja . . . . . .

(lig. 13). Uten 200. Amenapu . . . . Poisson, uten 200; Setmès, poisson . . . .

(lig. 14). Phamenot, jour 21: chômage des ouvriers, aux ordres de. . .

„ (Phamenot, jour 22) . . . . . .

„ (Phamenot) jour 23: chômage des ouvriers. Mise en oeuvre: légumes secs . . . . . .

(lig. 15) Phamenot, jour 24: chômage des ouvriers aux ordres de . . .

„ (Phamenot, jour 25) . . . . .

„ (Phamenot, jour) 26: chômage des ouvriers.

(lig. 16) (Phamenot, jour 27): chômage des ouvriers. Venue de Pa . . . Penamon, avec le scribe Amenoua . . . .

(lig. 17) sur les barques, pêche; les deux scribes . . . .

„ Phamenot, jour 28: chômage des ouvriers pour . . . .

(lig. 18) . . Phamenot, jour 29: chômage des ouvriers; venue des . . . . porter les grains[1] au temple . . . .

(lig. 19) . . . . des Semtu du quartier funéraire.

Phamenot, (dernier jour) . . . .

„ (Pharmuti jour 1): chômage des ouvriers sur le . . . . . .

(lig. 20) Pharmuti jour 2: chômage des ouvriers. Venue de . . . . poisson, uten 470; Setmès . . . . .

(lig. 21) Pioukhet, poisson, uten 400 . . . . . . amené de la ville. Pharmuti, jour . . . . . .

(lig. 22) Pharmuti, jour 5: chômage des ouvriers; approvisionnement . . . . . Mise en oeuvre, Bekaendja . . . . . .

(lig. 23) (Amena)pu . . , Ashuaket . . . .

„ (Pharmuti, jour 7: chômage) des ouvriers; approvisionnement; Pentaour . . . . . .

(lig. 24) uten, 450; Pioukhet, uten . . . . 190?

„ Pharmuti, jour 9: chômage (des ouvriers).

[1] Le groupe pour grains est incomplet. Je le reconnais cependant d'après le contexte. On était à l'époque de la distribution.

Planche I.

(lig. 25) (Pharmuti, jour 10): chômage des ouvriers.

„ (Pharmuti, jour 11): . . . . .

„ (Pharmuti), jour 12: chômage des ouvriers.

Planche II.

(lig. 1) (devant) le grand magistrat, préfet de la ville et devant le premier prophète d'Ammon.

(lig. 2) (Pharmuti . . . .): pêche; Pentaour; poisson, uten 300; Setmès, poisson, uten 300.

(lig. 3) Haseonkh, 340; Pioukhet, uten 300 . . . Kenouti, uten 340.

(lig. 4) Pharmuti, jour 16: chômage des ouvriers.

Pharmuti, jour 17: chômage des ouvriers.

Pharmuti, jour 18: chômage des ouvriers.

(lig. 5) Pharmuti, jour 19: chômage des ouvriers.

„ Pharmuti, jour 20: chômage des ouvriers; approvisionnement: bois de feu, 380; de la main de Kisen.

(lig. 6) Pharmuti, jour 21: chômage des ouvriers.

„ Pharmuti, jour 22: chômage des ouvriers.

„ Pharmuti, jour 23: chômage des ouvriers.

(lig. 7) Pharmuti, jour 24: chômage des ouvriers.

„ Pharmuti, jour 25: chômage des ouvriers aux ordres du scribe Nasamen

(lig. 8) du Roi Osor-ma-Ra-Sotep-en-Ammon (Ramsès VII); préparations culinaires, Baa 23, partagés entre les ouvriers. Mise en oeuvre 13

(lig. 9) . . . . à la disposition de Huinefer . . . . Pêche; Pentaour; poisson, uten 380; Setmès, uten 300;

(lig. 10) Pioukhet, uten 300; approvisionnement: bois 100; en second lieu, de la main de Kisen, bois 220; mise en oeuvre; pêche; Kenuti, uten 200;

(lig. 11) Pharmuti, jour 26: chômage des ouvriers.

„ Pharmuti, jour 27: chômage des ouvriers; les deux portiers partent pour la ville pour chercher un serviteur.

(lig. 12) Pharmuti, jour 28: chômage des ouvriers . . . . . . nous nous couchons sur place.

„ Pharmuti, jour 29: chômage des ouvriers.

Planche II.

(lig. 13) Mis les hommes du quartier funéraire à . . . . du scribe Ouserha, du temple, du scribe Penamen.

(lig. 14) Pharmuti, dernier jour: chômage des ouvriers; mise en oeuvre . . . . approvisionnement: vases de Keb 9; vases de Teb[1] 27; bois 150.

(lig. 15) Setmès du temple de . . . . Nasamen, d'après la teneur du carnet de Pineterua.

(lig. 16) (Pachons) jour 3. Est montée la . . . . eau. Ne fais pas travailler nos enfants dans le temple, devant

(lig. 17) le premier prophète d'Ammon; qu'on fasse . . . .

„ (Pachons, jour) 4: chômage des ouvriers. Mise en oeuvre; pêches; Bekaendja, uten 300.

(lig. 18) (Amen)apu, uten 150.

„ Pachons, jour 5 . . . . à l'orfèvre par le gardien.

„ Pachons, jour 6:

(lig. 19) . . . . des ouvriers; approvisionnement: Pentaour, poisson . . . ; Pioukhet, uten 300; Haseonkh, uten 200; mise en oeuvre: Kenouti 300.

(lig. 20) . . . . de la main de Kranefer; bois 200 . . . .

„ (Pachons, jour 7: . . . . .

„ Pachons) jour 8: chômage des ouvriers.

„ Pachons jour 9: chômage des ouvriers.

„ Pachons, jour 10: chômage des ouvriers . . . .

(lig. 21) . . bois 100; conduit Pimadja . . . . scribe Schamès du quartier funéraire, selon les paroles du carnet de Pi(neter).

(lig. 22) Pachons, jour 11: chômage des ouvriers; approvisionnement . . . . .

„ Pachons, jour 12: travail; approvisionnement: bois 100.

Pachons, jour 13: travail . . . .

(lig. 23) Pachons, jour 14: travail.

„ Pachons, jour 15 . . . . . 360; Setmès, uten 300. Mise en oeuvre; Bekaendja . . . .

(lig. 24) . . . (Ken)outi, uten 150.

„ Pachons, jour 16: . . . . . bois 100.

[1] Ici le scribe a répété le mot Keb; c'est évidemment Teb, qu'il a voulu écrire.

Planche II.

(lig. 24) Pachons, jour 17: travail.

„ Pachons, jour 18: travail.

(lig. 25) (Pachons, jour) 19: chômage des ouvriers.

„ Pachons, jour 20: (chômage des ouvriers.

„ (Pachons, jour 21: chômage) des ouvriers.

„ Pachons, jour 22: chômage des ouvriers.

„ Pachons, jour 23: chômage des ouvriers.

(lig. 26) (Pachons), jour 24: travail.[1]

„ Pachons, (jour 25) . . . . . .

„ Pachons, jour 26: chômage des jours de Ousermara-Sotep-en-Ammon (Ramsès VII); trois jours royaux: approvisionnement: légumes secs . . . . .

(lig. 27) . . . Uten 212.

„ Pachons (jour 27): . . . . .

„ Pachons, jour 28: donné des grains.

„ Pachons 29 et Pachons dernier jour: chômage.

Planche III.

(lig. 1) Paoni, jour 1: travail . . . . .[2] dans la grande demeure Penifuamen.

(lig. 2) Paoni, jour 2: travail.

„ Paoni, jour 3: travail.

„ Paoni, jour 4: travail.

(lig. 3) Paoni, jour 5: travail.

„ Paoni, jour 6: travail.

„ Paoni, jour 7: travail.

(lig. 4) Paoni, jour 8: travail.

„ Paoni, jour 9: chômage des ouvriers.

„ Paoni, jour 10: chômage des ouvriers.

(lig. 5) Paoni, jour 11: travail.

„ Paoni, jour 12: travail.

„ Paoni, jour 13: travail.

[1] Ici se trouve un renvoi en interligne difficile à déchiffrer.

[2] Le passage ponctué représente un groupe incertain; la forme du premier signe est insolite.

Planche III.

(lig. 6) Paoni, jour 14: chômage des ouvriers pour mener par eau Neferariti.

(lig. 7) Paoni, jour 16: arrivée des carnets du contrôleur Shauab, aux ordres du grand magistrat de l'occident de la ville;

(lig. 8) approvisionnement: bois 300.

„ Paoni 17: chômage des ouvriers.

„ Paoni 18: travail; pêche;

(lig. 9) Haseonkh: poisson, uten 200.

„ Paoni, jour 19: chômage des ouvriers. Mise en oeuvre: vases Keb 28;

(lig. 10) Vases Teb 300; approvisionnement: vases Keb 28; vases Ka 14; vases Teb 300.

„ Paoni, jour 20:

(lig. 11) chômage des ouvriers; mise en oeuvre: bois . . . . . ; approvisionnement: bois 200; Pentaour, poisson, uten 250.

(lig. 12) . . . . uten 250.

„ Paoni, jour 21: chômage des ouvriers; mise en oeuvre: Kenouti; poisson 250;

(lig. 13) approvisionnement: Pioukhet, uten 300; Katot, uten 209; mise en oeuvre: Pimadja: vases Keb 30;

(lig. 14) Vases Teb 200?

„ Paoni, jour 22: travail; venue de Piouan[1]

(lig. 15) en haut pour réprimer les hommes relativement aux discours des Semtot.

„ Paoni, jour 23: chômage.

(lig. 16) Les scribes dirent au contrôleur: ne mettrons nous pas des hommes à la poursuite des travailleurs-Haï

(lig. 17) et Pikenou; on a dit: que le contrôleur conduise les étoffes du roi au palais de Neferkara-Sotepenra (Ramsès IX) ainsi que

(lig. 18) les bois de cèdre.

„ Paoni, jour 24: travail; mise en oeuvre: bois de caroubier . . .; approvisionnement: bois de caroubier;

[1] Ce nom dont il ne reste que la première syllabe et le déterminatif phonétique est rétabli par conjecture.

Planche III.

(lig. 19); bois de feu, 100; Pimevra, fils de Montha.
„ Paoni, jour 25: mise en oeuvre: bois de caroubier . . . ;
(lig. 20) approvisionnement: bois de feu 50; bois de caroubier 10.
„ Paoni, jour 26: travail.
„ Paoni, jour 27: chômage des
(lig. 21) ouvriers.
„ Paoni, jour 27: chômage des ouvriers.
„ Paoni, jour 27: chômage; Pentaour, uten 100;
(lig. 22) . . . Setmès, uten 100; Katot, poisson, uten 200; mise en oeuvre: Kenouti, uten . . . .
(lig. 23) Paoni, jour 28: chômage des ouvriers; approvisionnement: bois 150; voyage à la ville des ouvriers alités.
(lig. 24) Paoni, jour 29: chômage des ouvriers; comparution devant les grands magistrats et le premier prophète d'Ammon;
(lig. 25) nous avons dit: ne nous sera-t-il pas donné des grains en sus de ce qui nous est distribué? nous nous alitons sur place;
(lig. 26) et le dernier jour de Paoni, il arriva que l'on comparut devant les grands magistrats; et ils dirent: que soit amené le scribe . . . Shauab;
(lig. 27) et il fut amené devant les grands magistrats de la ville, et ils dirent (au) scribe . . . Shauab, l'inspecteur du pays,
(lig. 28) savoir: Vois les grains de la recette; tu en donneras des rations aux hommes du quartier funéraire.

Planche IV.

(lig. 1) On emmena Pimontnebuab;
(lig. 2) on nous donna des rations de blé chaque jour;
(lig. 3) nous donnâmes deux meubles au porte-flabellum
(lig. 4) et un carnet.
(lig. 5) Epiphi, jour 1: chômage des ouvriers; jour du chef-ouvrier;
(lig. 6) était chef-ouvrier Amen avec Amentu; travail dans le monument
(lig. 7) du scribe Pentahat.
„ Epiphi, jour 2: travail.
(lig. 8) Epiphi, jour 3: travail: (mis) à la main de l'orfèbre Iri-
(lig. 9) rès or Kati 40, un sachet; cela fait uten 4;

Planche IV.

(lig. 10) argent 1 Kati; le chef-ouvrier Amentu, vases utmès 2;
(lig. 11) argent 2 Kati; Ken, sachets 2 . . . .
(lig. 12) Epiphi, jour 4: travail; amené le bétail
(lig. 13) par le scribe Shaemuab du quartier funéraire; Pentaour
(lig. 14) pêche: Setmès . . . ; pêche, Pioukhet;
(lig. 15) mise en oeuvre: kenouti.
„ Epiphi, jour 5:
(lig. 16) travail; amené les ouvriers en haut, tous
(lig. 17) en chômage, hommes 4. Venue de l'intendant du trésor Pinefer;
(lig. 18) et d'Amenhotep . . . . ; mise en oeuvre: vases Keb 29; vases Teb 250; Pemerineteru;[1]
(lig. 19) approvisionnement: vases Keb 29; vases Teb 150.
(lig. 20) Epiphi, jour 6: travail.
„ Epiphi, jour 7: rassemblé des pierres par
(lig. 21) tous les ouvriers à la porte du quartier funéraire royal.
(lig. 22) Epiphi, jour 8: travail.
„ Epiphi, jour 9: chômage.
„ Epiphi, jour 10: chômage . . . .
(lig. 23) Approvisionnement: bois de feu 500. Pêche, poisson, uten 300;
(lig. 24) Setmès, uten 300; Pioukhet, uten 300.
(lig. 25) Mise en oeuvre: Kenouti, uten 200.

Tels sont, mon cher confrère, les résultats de l'étude que j'ai faite de votre papyrus; quoique les notions qu'il m'a été possible d'en extraire ne touchent que par le petit côté à quelques unes des grandes questions qui nous occupent, je crois cependant quelles sont suffisantes pour donner un veritable intérêt à votre publication et pour décider les Musées publics à en entreprendre d'analogues.

Recevez l'assurance de mes sentiments les plus dévoués.

Chalon-sur-Saône 10 Avril 1868.

F. Chabas.

[1] Cette lecture n'est pas absolument sûre.

*　*　*

Après l'excellente analyse de M. Chabas je n'ai que peu de choses à ajouter.

Le roi Ra-user-Ma-Sotep-en-Ammon (pl. II, lig. 8, 26.) doit être le Ramsès IV des listes de M. Lepsius. Il y a aussi d'autres rois qui portent le même prénom royal, Ra-user-Ma-Sotep-en-Ammon, savoir: Osorkon II et Scheschonk III de la 22e dynastie; mais il n'y a pas lieu de penser à ceux-ci. Car quoique je ne croie pas que l'intervalle qui existe entre les rois de la 20e dynastie et ceux de la 22e soit aussi grand qu'on le pense, les listes généalogiques que j'ai compilées prouvent que les fonctionnaires du papyrus en question ne portent pas les mêmes noms que ceux des rois Bubastites.

Le nom Shamuab (Shauab), ou d'après une autre prononciation du signe de Thèbes, Sha-m-uas (pl. III, lig. 7, 26 et 27 et pl. IV, lig. 13) se retrouve plusieurs fois dans les inscriptions:

1. Shamuas, fils d'Amenhotep et petit-fils du fils royal qui était premier de Souben, Totmès. Sa femme s'appelait Userhat et leur fils Amenhotep surnommé Hapu. Sous Totmès III (Leps. Denkm. III, 43).

2. Shamuas, sans titre, fils du flabellifère et du fonctionnaire du roi Totmès III . . . . hiku, petit-fils de Smin et d'une dame de la maison Riri. Sous Totmès III. Sur une stèle du Musée de Turin, no. 18 des Monumenti del Vestibolo.

3. „Le Chef de la maison“ (royale) Shamuas et sa femme Kam; leur fils était chef militaire de la maison de Séti I, Niaanui, dont la femme se nommait Hun-nofer. Sous Séti I. Stèle au Louvre (C. 93.)

4. Le prince Shamuas, fils de Ramsès II.

5. Le prêtre Shamuas, représentant de la 2e des 21 générations designées sur la stèle d'Apis (no. 2254 au Louvre). Ce prêtre doit probablement avoir vécu sous Ramsès II.

6. Shamuas, sans titre, mentionné sur la stèle du préposé aux taureaux d'Ammon, Ti-sou-het. (Musée de Leide V. 44.)

Le nom Pentaoer de notre papyrus ne se trouve pas non plus sur les monuments des Bubastites. Excepté ce Pentaoer je ne connais que trois personnes de ce nom:

1. Pentaoer, grammate de Ramsès II, qui a chanté la campagne de ce roi.

2. Pentaoer, esclave de la maison du dieu Tot, le seigneur de Sesennu. (Une stèle du Musée de Turin, no. 28 des Monumenti del Vestibolo.)

3. Le pseudonyme Pentaoer du papyrus judiciaire de Turin V, 4, 7.

Il faut enfin ajouter que les quatre planches du papyrus de comptabilité sont publiées précisément sur la même échelle que celle de l'original, tandis que la carte des mines d'or se trouve réduite de moitié.

Fragments d'un papyrus représentant une carte égyptienne de mines d'or.

M. Chabas dans son ouvrage: les Inscriptions des mines d'or, a publié une carte des terrains aurifères d'après l'original sur papyrus conservé au Musée de Turin, mais tout en reproduisant les teintes qui se trouvent sur l'original. M. Lepsius avait auparavant publié la même carte, mais sans teintes. Cependant il existe encore à Turin des fragments d'une autre carte. Je les ai calqués et réduits de moitié je viens de les joindre à ma publication actuelle. Ces fragments ne sont pas au complet; il en manque trop pour qu'il soit possible de reconstruire la carte tout entière. Mais comme c'est tout de même possible de se former une idée de la nature de ces cartes sans connaître au juste les limites des localités qu'elles représentent, j'ose penser que la publication de ces fragments sera de quelque utilité, au moins elle complètera la publication mentionnée ci-devant. La carte dont M. Chabas a parlé est probablement du temps de Séti I, tandis que celle-ci date d'un temps postérieur. Comme le temple de Ramsès II y est mentionné, cette carte doit être du temps de ce roi ou, ce qui du reste est moins probable, de celui de l'un de ses successeurs immédiats.

Quant à la localité des terrains aurifères qui sont représentés ici, elle est appelée dans notre texte to en Bukhen = la montagne de Bukhen. Il est probable que cette localité appartient au même groupe de terrains aurifères que les mines auxquelles se rapporte la carte de Séti I ainsi que les inscriptions de Kadesieh et celles de Kouban dont M. Chabas a parlé.[1]

L'inscription d'une stèle trouvée dans la vallée de Hamamat (Leps. Denkm. III, 223) dit que le roi Ra-user-Ma-Sotep-en-Ammon Mi-Ammon-hik-Ma-Ramsès (Ramsès IV de M. Lepsius) „a fait ce monument d'un trône éternel dans cette montagne de Bukh . . " Si ce nom Bukh . . dont la lettre finale manque était le même que celui de Bukhen, cette inscription devrait indiquer que la montagne de Bukhen se trouvât dans la vallée de Hamamat. Mais nous n'en sommes pas bien sûrs. M. Brugsch a parlé de cette localité, Geographische Inschriften etc. I, p. 200 et II, p. 95.

Traduction.

Planche V.

A.

. . . Bukhen pour trouver dans la montagne de Bukhen . .

. . . roi les grands chefs pour l'amener à la connaissance de Bukhen . . .

. . . ville. Il fut en s'asseyant sur le trône de la justice dans le lieu du temple de Ra-user-Ma-Sotep-en-Ra . . . . . . transférer au chateau fort du Kher (quartier funéraire.[2]) Il fut en repos. Il fut dans le lieu . . .

Travail après 6.

B.

. . . Travailler l'or dans la vallée[3] de la montagne de Bukhen . . .

. . . Travailler l'or dans la vallée de la montagne de Bukhen . . .

. . . Travailler l'or dans la vallée de la montagne de Bukhen . . .[4]

a.

La largeur 2 pieds.[5]

[1] Les Inscriptions des mines d'or, p. 4, 11 etc.

[2] Voyez ci-devant p. 12.

[3] Voyez Zeitschrift für ägyptische Sprache und Alterthumskunde etc. 1866, p. 102, où j'ai comparé le mot [hieroglyph], la vallée, avec la copte ϩⲟⲛ, ⲧⲓ vallis.

[4] Probablement ces trois lignes indiquaient à la fin des quantités de l'or travaillé.

[5] Lepsius, Grundplan des Grabes König Ramses IV, p. 5.

Je dois beaucoup à la société des sciences de Christiania qui a fait publier mes fac-simile; aussi la société royale des sciensés de Throndhjem a fait des dépenses pour faciliter mon travail; c'est pourquoi je profite de cet occassion pour les en remercier publiquement de leur générosité.

I.

(a)

(b)

(c)

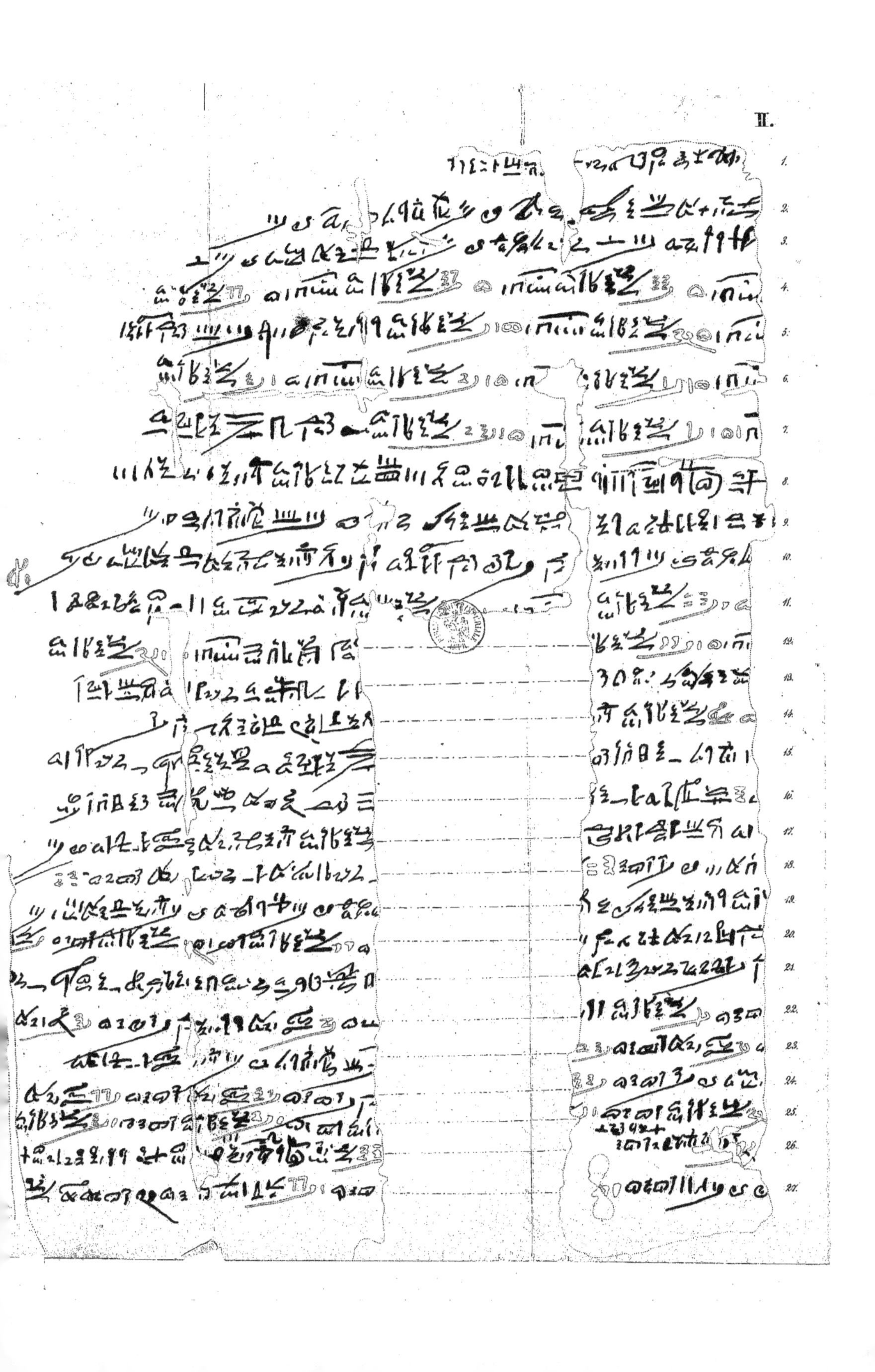

III.

IV.

A.

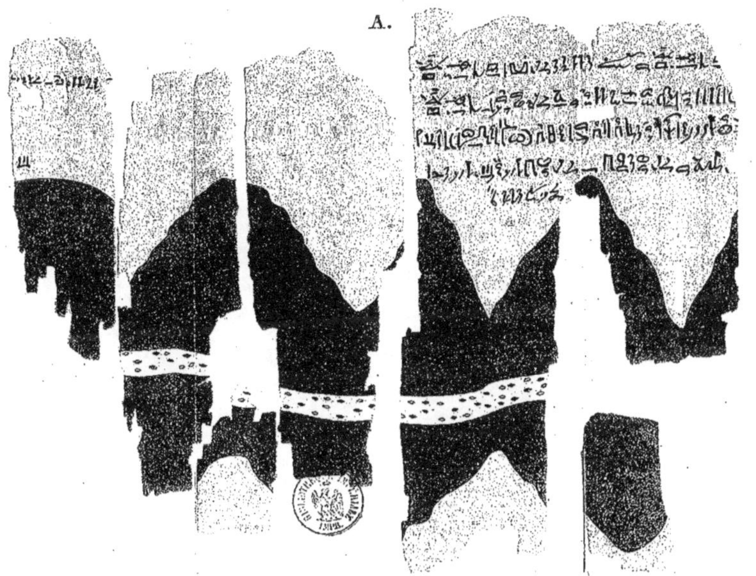

B.

www.ingramcontent.com/pod-product-compliance
Lightning Source LLC
LaVergne TN
LVHW010101230826
846091LV00005B/2039

* 9 7 8 2 0 1 3 7 5 1 3 3 9 *